Meta Morfosa
Chorgeflüster

Meta-Edition

Meta Morfosa

Chorgeflüster

Ein Lyrikband

Impressum

Bibliografische Information der Deutschen Nationalbibliothek: Die Deutsche Nationalbibliothek verzeichnet diese Publikation in der Deutschen Nationalbibliografie; detaillierte bibliografische Daten sind im Internet über http://dnb.dnb.de abrufbar.

© 2021   Text und Zeichnungen;
            Text und Melodie „Liebe Muse":
            Meta Morfosa

Lektorat und Layout:
            Lektorat Mo Kreutzberg, Düsseldorf

Cover: Fotomontage nach einer Vorlage von Pixabay

Herstellung und Verlag:
            BoD – Books on Demand, Norderstedt

ISBN: 978-3-7534-4470-3

Inhalt

Viva la musica.. 7

Musik liegt nicht nur in der Luft............................... 9

Sinnlich...12

Der Garten 13

Klangpflanzen...15

Farbenvielfalt..19

Der Dirigent..24

Ein Mensch und der Gesang.......................................26

Haltung 28

Einsingen 29

Der Kopf..30

Atmen 32

Die wilde Luft..34

Schwerkraft...35

Bremsbacken 37

Imagination...38

Emotionen...40

Zweifel...41

Strippen ziehen 42

Disziplin 43

Vollendung..44

Der Auftritt 45

Das Ende..47

Applaus...49

Mein Chorbuch...50

Fazit 57

Drum sing!..58

Der (Ch)Ohrwurm 59

Liebe Muse 70

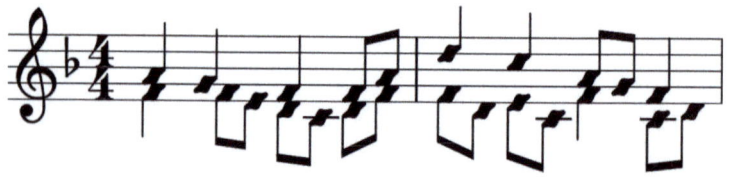

Viva la musica

In der Musik gilt wie im Leben

ein einzigartig Werk zu weben,

beschwingt und springend, langsam, schwebend,

eintönig, schrill, schillernd, erhebend

Höhen und Tiefen auszuloten,

mit langen Pausen – Wachstumsknoten.

Mit zarten Klängen oder viel Getöse,

ob ernst, ob heiter, schelmisch oder böse,

rhythmisch, dynamisch jede Reise,

allein, vereint, ob wechselweise

erlebt man auch Monotonie,

die wiederholte Melodie.

So zeigt es sich in Weite oder Enge,

gewollt von ganz verschied'ner Länge,

ist stets Bewegung, ist ein Werden,

Musik und Leben voll Gebärden.

Und unaufhörlich, ohne Ruh,

strebt alles der Vollendung zu.

Musik liegt nicht nur in der Luft

Ein jeder Mensch hat, wie wir alle wissen,
ein Grundrezept im individuellen Leben.
Mehr oder minder sanftes Ruhekissen,
ein stetes Formen, Werden im Bestreben.

Mancher ist liebend der Musik verbunden.
Wenn's tönt und klingt, das ist sein Element.
Hat's selbst entdeckt oder geführt den Weg gefunden,
der lockt und zieht und fordert vehement.

Ist's draußen still, so klingt es doch im Lebenshaus.
Es schwindet nicht die wohlgenährte Lebenszier.
Es gibt nicht die manchmal begehrte Taste namens „Aus"
fürs fließend wundersame Lebenselixier.

Das Blut, die Plättchen ähneln sicher unsren Noten,
manche mit Hälsen, etliche mit Fähnchen.
Die musikalisch angehauchten Boten,
sie wimmeln, tummeln sich in den Blutbähnchen.

Des morgens dominier'n die halben Noten und die ganzen.
Sie summen langsam und behäbig, ruhig ihren Klang.
Doch nach dem ersten Tee oder Kaffee
beginnen sie zu tanzen,
flattern mit Fähnchen, recken Hälse ziemlich lang.
Treiben zum Kopf und in die Fingerspitzen,
formen den Rhythmus, kennen viele Varianten.
Sie zwingen, häufig am Klavier zu sitzen,
bedrängt von Largo und den musikalischen Verwandten.

Ein neues Intro gibt es jeden Morgen,
was in der Nacht ans Ufer wurd' geschwemmt.
Vertonte Freuden und Ideen, Sorgen,
Querelen, Narreteien plätschern ungehemmt.

Sein Lebensmotto: Es klingt nicht für ihn allein.
Die Schüler tippen eifrig die Pianotasten.
Die Sänger ziehen wissbegierig alles rein,
in seinem Chor, lassen ihn niemals rasten.

Sie können stetig davon profitieren,
entdeckten längst, wie köstlich die Musik doch schmeckt.
Durch Ausprobieren, fleißig Inhalieren,
ist ihre Lust auf immer mehr geweckt.

Und unaufhörlich einer nimmt, der andre gibt,
verströmen nimmersatt und ganz natürlich ihren Duft.
Derweil ihr Blut die Melodien durch die Adern schiebt.
So bleibt's dabei: Musik liegt eben nicht nur in der Luft.

Sinnlich

Sinnlichkeit macht sich breit,
wenn dich ganz der Klang ergreift,
Musik durch deinen Körper streift,
macht sich breit die Sinnlichkeit.

Der Garten

In eines Dirigenten Garten,
da wachsen viele Pflanzenarten.
Die feinen, zarten unscheinbar,
kräftige leuchtend, hell und klar.
Ob wendig, weich, fest, dominant,
herrlich natürlich allesamt.

Mit Visionen fest im Blick
stärkt er und bildet mit Geschick.
Mit Sachverstand und Herzensblut,
mit Muskelkraft und auch mit Mut,
geht er zu Werke, formt und hegt,
stützt hie und da, stutzt dort und pflegt.

Er gräbt und jätet, bindet, gießt
und hofft, dass alles wächst und sprießt;
gestaltet, säubert, schneidet hart,
verbindet, streichelt manchmal zart,
ist unnachgiebig, klar, bestimmt,
ist sehr geduldig, prägt und trimmt,
pikiert und düngt. Und seine Saat
geht auf unter dem Dirigat.

Und alles Wachsen, alles Mühen
kommt mit Würde zum Erblühen.

Klangpflanzen

Bei jeder Melodienreise,
charaktervoll in eigner Weise,
ertönt für uns der Stimmen Klang,
der menschenmögliche Gesang.

Die Stimmen sind zu unterscheiden,
in welchem Ambitus sie weiden,
der Umfang der möglichen Klänge,
für Mann und Frau die Tonlage für die Gesänge.
Durch feines, fachliches Anleiten
lässt er sich gut ein wenig weiten.

Im Chor geteilt die stimmlich braven,
bewegen sich in vier Oktaven:
Die große und die kleine, die eingestrichene
und für die Frau'n allein die zweigestrichene.

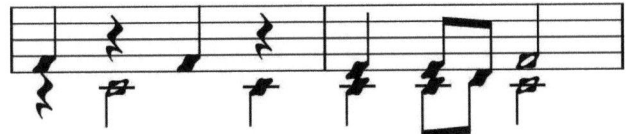

Ein jeder singt nach seinem Maß,

nach unten tief schwingt sich der Bass.

Er trägt mit seinem tiefen Klang

die Höhen, helleren Gesang;

der seinen Notenteppich webt,

vom tiefen E bis hoch zum e' sich hebt

mit Leichtigkeit. Geht in die Vollen,

klingt manchmal wie ein Donnergrollen.

Die höchsten Töne zart erklommen,

verzaubernd der Tenor genommen.

Lässt seine Stimme, ohne Wanken,

gekonnt um alle andern ranken.

Beginnt beim c, er formt, ergänzt,

wenn stimmlich bis zum a' er glänzt.

Verwöhnt das Ohr auf feinste Weise,

ob schallend laut oder betörend leise.

Hinab, in tieferen Regionen,

sein Instrument der Alt lässt wohnen.

Wohlklingend angenehm und warm,

geschmeidig, elegant, mit Charme,

beginnt beim g ganz bodenständig,

bis hoch zum e" kunstvoll und wendig.

Umschmeichelt unsre Seele fein,

charaktervoll hüllt er uns ein.

Soprani Klanggewebe bilden

in höchsten Sphären und Gefilden,

vom c' aufwärts die Stimme führen

und zärtlich unsre Sinne rühren.

Zielstrebig bis zum a" sich schrauben

und uns gekonnt den Atem rauben.

Man sagt, dass manchmal Scheiben springen,

dass Gläser klirren, wenn sie singen.

Es gibt noch weitere Verwandte,
der Klangwelt bestens wohlbekannte,
Mezzosopran, Countertenor
und auch der Bariton kommt vor,
bevorzugt Solostücke zieren,
wenn sie mit ihrem Klang brillieren.

Farbenvielfalt

Der Stimmen viele sind gegeben,
ein klanglich vielfältiges Leben.
Sie sprießen üppig, selten gleich,
an Größen, Farben, Formen reich.

Charaktervoll die steten, klaren
gleichmäßig durch die Lieder fahren,
beständig klingend, wogend, famos,
verlässlich rein und schnörkellos.

Und wie ein Band die fein geschweiften,
gebundenen, voll ausgereiften.
Sie malen uns mit ihren Stimmen
ein leuchtend lückenloses Glimmen.

Die forschen, die die Stimme führen,
die mutig jeden Ton kreieren;
zielstrebig gehen sie zu Werke
mit Zugkraft, ungeheurer Stärke.

Die lustig hüpfenden, die kecken,
die uns die Lust am Leben wecken,
voll Tatendrang und Schaffenskraft,
mit unbändiger Leidenschaft.

Da gibt es noch die Wisperdinger,
die punktuell- und fast-nicht-Klinger,
die sanft die Melodien nippen
und hauchend jeden Ton antippen.

Die leicht verspielten, kindlichen,
mimosenhaft empfindlichen,
klanglich ergänzende Choristen,
die nicht geeignet als Solisten.

Kaum hörbar säuselnd sind die leisen.

Sie lieben die gedämpften Weisen.

Und die pastellenen, die weichen,

die warm den höchsten Ton erreichen.

Im Gegensatz zu diesen stillen,

erklingen klar die etwas schrillen;

eintönig hell, bar jeder Fülle,

beinahe nackt und ohne Hülle.

Sie brauchen einen Beigesang,

voluminösen, vollen Klang:

die samtig, runden, pelzigen,

die streichelnden und schmelzigen

die in die tiefsten Tiefen dröhnen,

ausgleichend unser Ohr verwöhnen,

gekonnt bis in den Magen dringen

und heilsam durch den Körper klingen.

Die schnurrenden und die sonoren,

die fedrig kitzeln in den Ohren,

die kraulenden und brummenden,

die unaufhörlich summenden.

Und die, die uns bei jedem Laut

erzeugen eine Gänsehaut.

Klangwunder, warm, voll tönend, groß,

spektakulär und furios.

So formt sich bald was angelegt,

was gut gepflegt wird und gehegt,

was die verschied'nen Seelen streichelt.

Für jedes Öhrchen, was ihm schmeichelt.

Liegt auch nicht allen der Gesang,
find't jeder seinen Lebensklang.
Und hat er ihn erst mal gefunden,
ist jeder seinem Stil verbunden.
So wählen wir, wonach das Sehnen,
woran wir unsre Seele lehnen.

Im Chor wir naschen alle Arten
der Klanggewächse hier im Garten.
Denn er vereint der Blüten Heer,
berauschend klangwogendes Meer.
Ein Schatz gefüllt mit Energie
und bunter Lebensmelodie.

Der Dirigent

Vor jedem Chor bewegt sich sehr behänd'
die Spezies namens Dirigent.
Ein Dirigent ist unentbehrlich,
der seine Sänger liebt und ehrlich
trainiert und führt auf klare Weise
durch jede Melodienreise.

Sein unermüdlich Vorwärtstreiben
lehrt sie, in rechter Spannung bleiben.
Erklärt und hört, beschreibt dem Chor
mit kritisch, unbestechlich' Ohr
zielstrebig und ideenreich,
und nach Bedarf mal hart, mal weich
sich äußert multitalentiert.

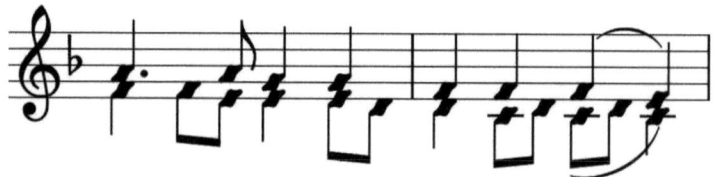

Was er verlangt, selbst ungeniert

zum Besten gibt er, ohne Zier

in höchst vollendeter Manier.

Beschwingt und mit viel Energie

führt er zum Ziel die Melodie.

Und vor ihm, seine Sängerherde

gehorsam, achtsam, dass es werde.

Bewegung, Ausdruck, Mimik, Klang,

der ganze Mensch wird zum Gesang.

Ein Mensch und der Gesang

Ein Mensch erfährt, wer aufrecht geht,
dass der aus Muskeln auch besteht.
Ihr Auftrag ist – ich will's erwähnen,
die vielen Knochen und die Sehnen
zu stützen und gut zu verbinden,
dass sie die richt'ge Haltung finden.
Hat jemand einen krummen Gang,
dem sind sie teilweise zu lang.
An manchen Stellen sind sie knapp
und machen deshalb zu früh schlapp.
Das Wesen mancher ist uns fremd,
ihr Einfluss ist total gehemmt.
Durch Übungen fleißig gestalten,
bewusst und klug sie zu verwalten,
gezielt und nach verschied'nen Normen,
so lernen wir, sind sie zu formen.

Ein Mensch nun, der erstrebt, zu singen,
hört nach und nach: Soll das gelingen,
klingt er gezielt mal laut, mal leise,
ist's Muskelspiel auf feinste Weise.

Das Bäuchlein übernimmt die tolle,
die ehrenwert zentrale Rolle.
Mit seiner Spannung gibt es Zunder,
erzeugt und präzisiert Klangwunder.
Es lässt die Töne locker schweben,
und sind sie sprunghaft, darf es beben.
Wenn wir der Klänge Läng' ausloten,
hüpft es bei den punktierten Noten.
Dann haben wir, ganz ohne Frage,
abwechslungsreiche Bauchmassage.

Gelegentlich soll'n wir zusammen
die Hacken in den Boden rammen.
Effektvoll für den Bauch dabei:
Er wird für seine Arbeit frei.

Haltung

Was uns als Kindern war verboten,

vorn an der Stuhlkante zu sitzen,

ist uns beim Üben nun geboten,

wenn wir klangvoll die Lippen spitzen.

Beide Füße feste stehen

und die Arme nicht verschränkt,

halten wir den Körper grade,

ist der Bauch nicht eingezwängt.

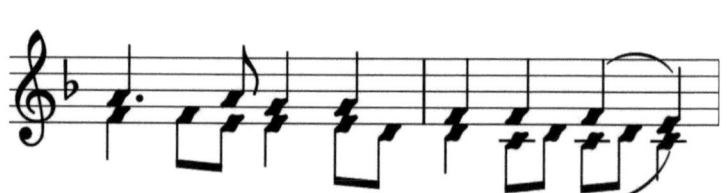

Einsingen

Erst kommt das Erwärmen,
dass die Stimmen erwachen,
mal säuseln, mal lärmen,
einen Klangsturm entfachen.

Wir gähnen gemeinsam, wir gähnen laut,
der Kiefer bewegt sich, wie ein Kamel kaut.
Ganz lustige Silben, kakie kakiku,
entlocken wir Sänger. Schwip schwip schwabi du.
Wir jauchzen und lallen, die Stimme sich hebt
mit offenem Rachen, es wackelt und bebt.

Wir nehmen ihn ab, tun ihn pflücken,
wir spielen mit unserem Ton,
durch Spannung im Bauch und im Rücken
gestalten und formen wir schon.

Der Kopf

Beim Auftritt wie beim Proben
denkt an den Zug nach oben.
Der Kopf hängt an 'nem graden,
'nem unsichtbaren Faden.
Der Mensch, geneigt, ihn zu bewegen,
soll diese Neigung nun nicht pflegen,
darf ihn nicht gleich nach oben recken,
etwa nach hohen Tönen strecken,
ihn nicht bei tiefen Tönen senken
und hierbei gar den Hals verrenken.

Am Gaumenbogen, wie beim Gähnen,
im Rachenraum, an Lippen, Zähnen,
im Mund geformt wird die Musik.
Gradaus und feste bleibt der Blick.

Gelegentlich die Augen sinken,
um durstig einen Text zu trinken,
gesättigt wieder Augen heben,
dass sie nicht an den Noten kleben.

Mit Kopf gesenkt ertönt es trüber,
drum hoch das Buch und Blick darüber.
Gut trainierte wache Glieder
erfassen Dirigent und Lieder.

Atmen

Für jeden Sänger gilt die Sitte:
Perfekt in unsrer Körpermitte,
verschieden dick, das ist sein Ding,
der Bauch wird unser Rettungsring.
Ein Atemzug soll uns ausreichen
bis hin zum nächsten Atemzeichen.
Gefüllt mit Luft haben wir Mut,
ganz fein geübt trägt er uns gut.

Zuerst soll'n wir ihn fallen lassen,
er soll beim Fallen Atem fassen
und langsam dann, zu unsrem Glück,
ziehen die Muskeln ihn zurück.

Dabei die Luft ganz ungestört,

am Ton entlang und ungehört

entweichen kann. Mannomann.

Soll'n keine wilde Luft durchlassen,

den Anschluss dabei nicht verpassen.

Wer das kann – Mannomann.

Wir zeigen optimal Präsenz

bei körperlicher Eloquenz.

Die wilde Luft

Die wilde Luft, die wilden Triebe,

sie stoßen nicht auf Gegenliebe.

Ihr Wachstum ist zu unterbinden,

soll keine rechte Nahrung finden.

Das Wissen darum wird bald klar.

Das Üben für die Sängerschar

entpuppt sich nicht als Zuckerschlecken.

Es wollen Lässigkeiten necken.

Der Diri deutlich ist und klar,

nicht zögerlich, beginnt sogar

behutsam sachte zu sezieren,

die Wurzeln zu eliminieren.

Dann wieder forsch und radikal,

erklärt und fordert noch und noch einmal.

Er lässt nicht locker, säubert, putzt,

wenn er die wilden Triebe stutzt.

Schwerkraft

Durch die Schwerkraft unsrer Erde
erfährt leidvoll die Sängerherde,
dass Töne, soll'n sie länger klingen,
sich unmerklich nach unten schwingen.
Dem sollen wir uns nicht ergeben,
sondern vereint und willig streben,
was ungenau und schief, ausmisten,
Abstiegsgefahren überlisten.
Schlau und gemeinsam unser Deal:
Das ist wieder Muskelspiel.
Der stärkste von den Muskeln allen –
Genießern tut dies wohl gefallen –
der Kaumuskel, welch tolles Stück,
nicht nur beim Essen vor, zurück
er unsern Kiefer tut bewegen.

So kann er auch die Töne prägen.

Bewegt das Kinn sich wie 'ne Wippe,
ist fest gespannt die Oberlippe.
Das Filtrum, um genau zu sein,
fixiert die Töne klar und fein.
Fungiert als Trichter und gezielt
ein Lächeln um die Lippen spielt.
Laut Diri macht die Sangessippe
Bodybuilding auf der Oberlippe.
So halten wir die Töne oben
und unser Diri wird uns loben.

Bremsbacken

Habt Acht, Ihr Sängerinnen und Ihr Sänger.
Nur Mut. Die Töne klingen immer länger
im Kraftwerk eurer Muskelspiele.
Mit Spannung kräftig kontraktieren,
gelingt leichter das Anvisieren,
geht's spannungsreich vereint zum Ziele.

Am Dies- und Jenseits eurer Säulen sind
die Rundungen, und jeder find't
die Wangen und die Backen.
Sie bremsen den Verfall von Tönen
mit rechter Spannung durch Gewöhnen
vom Kopf bis zu den Hacken,
vom Zeh bis in den Nacken.

Imagination

Ein Mensch, zu lernen stets gewillt,
Gefordertes zu kompensieren,
erschafft sich hie und da ein Bild,
um adäquat zu musizieren.

Hoch über unsern Augenbrauen,
imaginär soll'n wir uns trauen,
den Ton zu denken, ihn zu zeugen,
viel Raum ihm geben und nicht beugen.
Den Mittelpunkt als Halt ihm weisen,
darum dann alle Töne kreisen,
ganz leicht, mit wenig Energie,
sich frei entwickeln können sie.

Die Vorstellung ist eine Lust,
das Klangergebnis eher Frust.
Der Diri hat hier mit uns armen,
geplagten Sängern ein Erbarmen.
Sagt: „Ihr könntet noch Schwungkraft geben
und leicht dabei ein Bein anheben,
die Schulter auch und mal die Hand."
Ganz ohne Druck gelingt's galant.

Du Sänger, nähr die Fantasie
und fütt're sie mit Bildern.
In Erinn'rung kannst du sie
mit deinen Tönen schildern.

Emotionen

Es gibt sich jeder Text verschieden,
er muss sich individuell erschließen.
Was schwierig ist, wird nicht gemieden,
durch Übungen kann alles fließen.

Doch nur die Technik allein
wird nicht alles mitteilen.
Fang die Gefühle ein,
spüre sie zwischen den Zeilen,
zwischen Text und Melodie.
Es zeigt die Arbeit der Emotionen
die wachsende Harmonie.
Lasse sie in dir wohnen.

Zweifel

Wir werden scheu und ängstlicher,
wenn wir uns mangelhaft erleben.
Der Zweifel macht dann unsicher,
will sich im Vorfeld stark erheben.
Das soll nicht sein. Es ist kein Schinden,
mit Zuversicht und Selbstvertrauen,
bewusst, beherzt ihn überwinden,
statt nur auf das Misslingen schauen.

Es schafft das Umfeld uns Probleme,
beeinflusst mehr, als wir es sehen.
Wenn konstruktiv wir alles nehmen,
freundschaftlich beieinander stehen,
mit Augenzwinkern und Humor,
dann haben wir schon viel gemeistert.
Der Mut zum Blödsinn hier im Chor,
hat uns und andere begeistert.

Strippen ziehen

Strippen ziehen, Strippen ziehen,
so als könnten wir den Ton
mit den Händen in uns ziehen,
mit mal viel, mal wenig Phon.

Gleichmäßig nur und nicht einknicken,
dass der Ton sich nicht verliert,
die Phrasenlänge überblicken,
ganzkörperlich antizipiert.

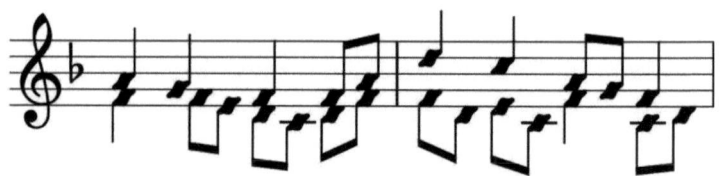

Disziplin

Manchmal muss der Diri meckern,

wenn wir am Zeilenende kleckern,

wenn viele Mal erklingt ein „T".

Das tut in allen Ohren weh.

Wir sollen nicht mucken,

Takt zählen und gucken.

Üben, üben bis es klappt,

bis unnötige „T" gekappt,

bis es bei jedem funkt,

das „T" kommt auf den Punkt.

So freut uns und freut ihn

chorische Disziplin.

Vollendung

Das ist ein Müh'n zum Herzerweichen,
wir woll'n die Forderung erreichen
zum taktvoll guten Konzertieren,
Stabilisieren und Fixieren.

Gestützt mit steter Energie,
mit herrlicher Multitonie,
berauschend und betörend schön,
die Sänger Lück' auf Lücke stehn.

Der Auftritt

Die Sänger steh'n vereint im Chor,
der Chorleiter allein davor,
der seine Pflänzchen dirigiert,
gut vorbereitet und sortiert.
Ganz Ohr und still, sie sind gespannt,
er ebenso, seht seine Hand
wird kräftig durch die Luft gezogen,
die Arme auch. In weitem Bogen
sorgt er für einheitlichen Klang
und erntet blühenden Gesang,
lässt jedes seinen Duft entfalten
und formvollendet sich gestalten.
Treibt hoch und streichelt wieder zart,
zerhackt und häckselt seltsam hart,
schließt kurz die Augen leicht verträumt,
doch niemals einen Ton versäumt.

Er fegt die Stimmen, ordnet, schiebt,

er hebt hervor, wie's ihm beliebt.

Er schneidet sauber, dämpft und dimmt,

dass alles klingt, wie er's bestimmt,

gibt Tempohilfe, wo es nützt,

begrenzt und eint, da wo es stützt.

Sorgt, dass sich's furios verwirbelt,

dass eins sich um das andre zwirbelt.

Behänd', bis er sein Ziel erreicht,

die Pflänzchen er zusammenstreicht;

alle, gespannt bis zum Applaus,

gebunden worden sind zum Strauß.

Das Ende

Die Künstlerhände, jeder Finger,
sind Anweisung für jedes Tun.
So ist das Stück noch nicht beendet,
wenn sie still in der Höhe ruhn.

Die Sänger regungslos verharren
und auf des Diris Hände starren.
Es schwinget nach, sekundenlang,
im Raum verebbt der volle Klang.

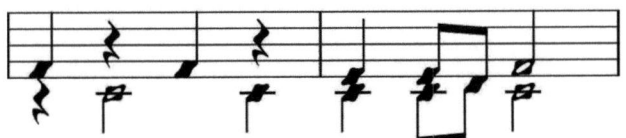

Seid still, haltet ein wenig aus,
und wartet jetzt mit dem Applaus.
Instrumentales oder Singen:
Lasst das Gehörte zart verklingen.
Es liegt ein Zauber in den letzten Tönen.
Genießt und freut euch an dem Schönen.

Beugt euch unter das Dirigat.
Beschließt der Diri seine Tat,
sinken langsam seine Hände,
zeigen nun des Stückes Ende.

Applaus

Und wenn sich nun der Abend neiget,
wir unser Muskelspiel gezeiget.
Ein Abend mit vielen Akteuren
zu sehen, spüren und zu hören.
Ein Augen- und ein Ohrenschmaus.
Ihr werdet satt. Gebt uns Applaus.
Gebt ihn reichlich, gebt ihn viel!
Lasst hören EUER Muskelspiel!

Mein Chorbuch

Mein Chorbuch hat kein unbeschrieb'nes Blatt.
Es zeigt, wie kunstvoll, mit viel Fantasie,
ein Komponist uns vorgegeben hat,
für jede Stimme eine eig'ne Melodie.

Fünf schwarze grade Linien zeigen
wie Gleise eine vorgegeb'ne Bahn.
Auf ihnen alle Stimmen sich verzweigen,
sich jede orientieren kann.

Ein Notenschlüssel ist vonnöten,
kann jeder nun den Wert erschließen
und alle Ungenauigkeiten töten,
dass tongenau die Melodien fließen.

Denn es ist Balsam für die Ohren,
was sich gehorsam und harmonisch fügt,
was übend sich Genauigkeit geschworen
und nicht durch Lässigkeiten sich betrügt.

Der Takt erscheint als Rhythmusgeber,
als feste Komponente bis zum Ende,
und folgsam jeder Melodienweber
ergibt sich in des Dirigenten Hände.

Erstrebenswert ein taktvoll Zelebrieren,
im steten Rhythmus Wiedergabe im Gesang,
im Solo oder konzertanten Musizieren,
vereint der individuellen Stimmen Klang.

Wenn sich die Töne hier und da verschlingen,
sich überschlagen, umeinander ranken,
beim Musizieren oder auch beim Singen,
so streicheln sie oder betören die Gedanken.

Manche verhaken sich und reißen alle mit,
sie wühlen auf und bringen in Ekstase.
Gemäßigt dann ein andermal der Schritt
von Anfang an, bis zu der letzten Phrase.

Denn Punkt um Punkt erklingen alle Noten,
ihr Wert ist wunderbar verschieden lang.
Die kleinen kultiviert musischen Boten
entwickeln allem Werden seinen Gang.

Ein ganzes Heer umrankt die Linienstränge,
darüber, drunter, zwischen, mittendrauf;
mal wenige, mal viele oder mit Gedränge,
erscheinen uns die Noten nun zuhauf.

Die schwarz gefüllten, kleinen runden
recken die Hälse mal hinauf und mal hinab,
stehen allein, punktiert oder gebunden,
als Viertel halten sie auf Trab.

Mit schwarzen Fähnchen ausgestattet,
fordern sie unermüdlich schnellen Lauf,
und dass der Musikus hier nicht ermattet,
nimmt reichlich Übung er hierfür in Kauf.

Die Hälse recken ebenfalls die Halben,
doch sind die Bäuche gähnend leer,
zwei Viertel stecken darin allenthalben,
doch bei den Ganzen finden wir noch mehr.

Die sitzen fett mit hohlen Bäuchen,
fordern vier Viertel-Schläge langen Klang,
und dass auch sie uns nicht entfleuchen,
trainier'n wir hart manch Muskelstrang.

Wenn hohler Bauch vier Ecken hat,
dann soll es doppelt lange schwingen,
Klangfülle bis zum Ende satt,
beim Musizier'n oder beim Singen.

Wir kennen gut die Pausenzeichen,
ein eigenes für jeden Notenwert.
Ob Punkt, ob Welle und dergleichen,
ob Balken oben, unten, wird gelehrt.

Die Pausen sind besondere Elemente,
ermuntern uns zum nöt'gen Atemholen,
sie dämpfen, locken Temperamente,
beleben, teilen stets auf leisen Sohlen.

Voll Spannung gehen sie in Wartezeiten,
bis jede Stimme achtsam stillesteht
zum Sammeln, konzentriert Bereiten,
und sich dann furios final entlädt.

So klingen bald mal viel, mal wenig Strophen
als Wiederholungen und auch Monotonie,
als Harmonien oder ähnlich' Katastrophen,
lebt stets die individuelle Melodie.

Was noch zum Chorbuch wichtig und zu sagen ist,
das formuliere ich hier nun zum Schluss:
Der es belebt, von vorn bis hinten klingen lässt,
das ist und bleibt in rechter Weise erst der Musikus!

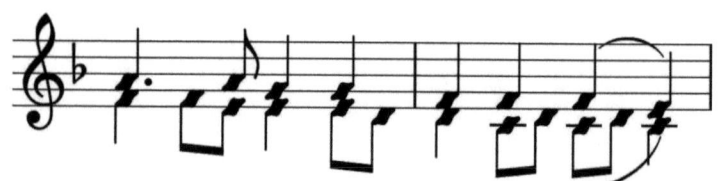

Fazit

Mein Chorbuch nehm ich immer wieder
und immer gern in meine Hände.
Ich liebe sie, die Lebenslieder,
die mir Begleiter sind. Ich fände,
es könnte immer neue geben,
das Maß ist hier wohl niemals voll.

Musik ist Element zum Leben,
erhält das Leben würdevoll.

Vermag in wunderbaren Weisen
zu reden, wenn die Worte fehlen,
in lauten Tönen oder leisen,
wird sie zum Sprachrohr unsrer Seelen.

Drum sing!

So haben wir uns eingefunden,
zu singen, dass die Erde bebt.
So sind wir heute fest verbunden,
zu singen, bis das Dach sich hebt.

Drum sing, drum sing aus voller Brust!
Drum sing, drum sing heraus den Frust!
Drum sing, drum sing, weil du es musst!
Drum sing, drum sing nach Herzenslust!

Der (CH)Ohrwurm

Der Ohrwurm ist ein schlaues Wesen,
musikalisch sehr belesen,
der immer, seit es Menschen gibt,
sich gern in ihre Ohren schiebt.
Fast jeder ist ihm schon begegnet
und fühlte sich durch ihn gesegnet.
Sein Dasein hat uns sehr beseelt,
vergessen lassen, was uns fehlt.
Auf Tonträgern recht gut behütet,
werden Würmchen ausgebrütet,
aufgebaut und abgefüllt,
mit einem Titel stets umhüllt.
Fertig nun mit seiner Weise
begibt er sich auf eine Reise,
für einen Menschen auf Tournee,
ein einzigartig Tête-à-Tête.

Noch immer mancher töricht spricht:
Was man nicht sieht, das gibt es nicht.
Das bleibt. Er lässt sich unter heftig Wehren
nicht eines Besseren belehren.
So lasst ihn nur, den armen Tropf,
kennt sich nicht aus in seinem Kopf.
Wir unterdessen lauschen, hören
und lassen willig uns betören.

Manchmal fühlen wir geschehen,
unsichtbar und ungesehen
summt er, säuselt, raunt und klingt,
wenn er stracks ins Ohr uns dringt.
Geheimnisvoll, wenn es geschieht,
man sich durch ihn erobert sieht.
Er singt und klingt so vehement,
macht gleichsam uns zum Instrument.
Er spielt auf uns, durchdringt uns ganz,
der Körper bietet wunderbare Resonanz.

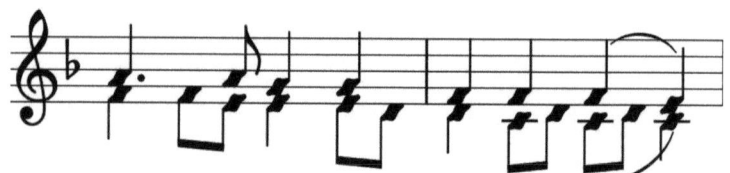

Musik in uns macht Füße wippen,
und bald drängt über uns're Lippen
ein Strom von Tönen, unser Hit.
Wir brummen, summen, singen mit.

Moderne Stücke, Jazz und Beat,
Rock und Pop und Kinderlied,
Balladen, Reggae und Folklore,
Sänger allein oder mit Chore,
Chanson und Country, fromm und bieder,
Gospel, Soul und Liebeslieder.
Vielfältig diese Ohrenstürmer,
gewiss, es gibt auch Klassikwürmer.
Sind welche, die Tschaikowsky lieben,
Vivaldi durch die Gänge schieben.
Adagio oder Motette,
ob Musical, ob Operette,
sie brauchen keine Referenzen,
ihr Repertoire kennt keine Grenzen.

Der dickste von den Würmern allen,

die mich von Zeit zu Zeit befallen,

sang „Fly me to the moon".

Legte er los, wollte ich ruhn,

mich nur noch diesem Sound ergeben,

und er beflügelte mein Leben.

Berauschend setzte er Kräfte frei,

pulsierend bis zur Schwärmerei.

An vielen, vielen Tagen

hat er als Gast mit Macht

mich zärtlich durch die Nacht

bis hin zum Mond getragen.

Es hat mich, kann ich sagen,

die Wurmkur froh gemacht.

Sie wollen Sonne uns bereiten,
die zeigt uns ihre Schattenseiten.
Nach ein paar Tagen merken wir,
wir unterschätzen dieses Tier,
das, anhänglich und ohne Scheu,
benimmt sich ausgesprochen treu.

Jetzt sprechen wir nicht mehr von Segen,
wir eher Mordgedanken hegen,
wähnen in uns ein ganzes Rudel
und sprechen nur noch von Gedudel,
entschlossen, es hinauszuwerfen,
zu schonen die gereizten Nerven.

Wir ignorieren, übertönen,

schimpfen, jammern, hör'n uns stöhnen,

schaffen, rennen, reden, tanzen,

hinter Musik wir uns verschanzen,

sind schwer aktiv, wir lamentieren,

es lässt sich nicht eliminieren.

Und treiben wir ihn in die Enge,

ein jeder Wurm hat seine Länge.

Wie eine Feder aufgezogen,

schweigt er, wenn seine Zeit verflogen.

Auf Tonträgern erneut geladen

wird er bereit zu neuen Pfaden.

Ade sagte er nicht zu mir.

Doch ich bin sicher: Er ist nun bei dir!

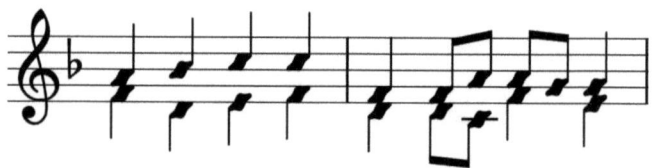

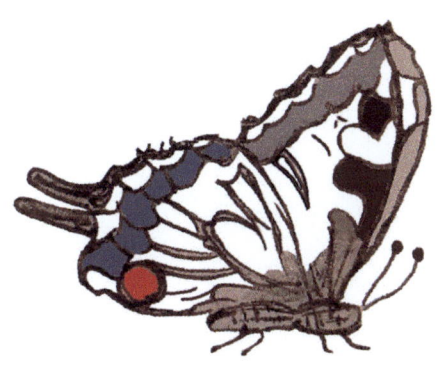

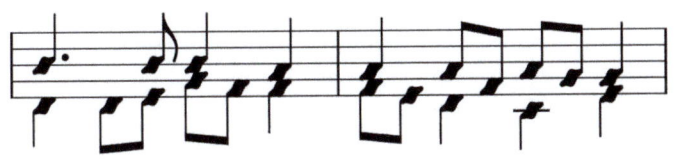

Liebe Muse

Text und Melodie
Meta Morfosa

1.Lie - be Mu - se, lass dich drü - cken,
Lass mich dei - nen Klän - gen lau - schen,

darfst mich je - der - zeit be - glü - cken. Küss mich, blei - be
will mich heut an dir be - rau - schen. Wis - per, flü - ster,

lan - ge Zeit. Zum Mu - sen - tanz bin ich be - reit.
rau - ne du,____ hung - rig hö - re ich dir zu.

Zupf Zupf die die Sei - ten an, dass dass ich's ich's
Zupf Zupf die die Sei - ten an, dass dass ich's ich's

spü - ren kann. Zupf Zupf nur nur im - mer - zu,
hö - ren kann. Zupf Zupf nur nur oh - ne Ruh,

Sor - gen schwin - den mir im Nu. Füll mich, la - be
denn mein Mu - sen - schatz bist du. Weck mir Me - lo -

mei – ne   Sin – ne   dass mir froh der   Tag   be – gin – ne.
di – en – wei – sen,   Far – ben, Wor – te,   Künst-ler – spei – sen.

Brei – te   in   mir   dei – nen   Klang,   in – spi – rier mich
Zwick mich,   neck mich,   hüll mich   ein,   lass mich heut   zu –

zum Ge – sang.   Trun – ken machst du,   lässt mich   flie – gen
frie – den   sein.   Wirst Ver – lan – gen   wie – der   we – cken,

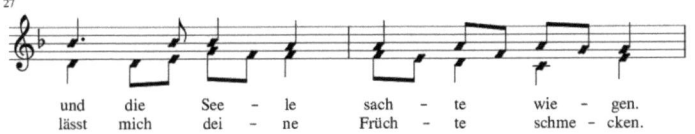

und   die   See – le   sach – te   wie – gen.
lässt mich   dei – ne   Früch – te   schme – cken.

Zärt – lich   streichst du   mir ins   Ohr,   rufst mir   Gän – se –
Streu – e   dei – ne   Ga – ben   satt,   dass   die   Welt   stets

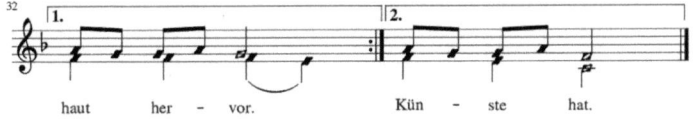

1.
haut   her – vor.
2.
Kün – ste   hat.

2.Lie - be Mu - se, zar - tes We - sen,
Wirkst im Stil - len, lenkst die Sin - ne,

fi - li - gran und sehr er - le - sen. Bist I - dee aus
dass man Le - bens - lust ge - win - ne. Bist ein Gen für

al - ter Zeit und gibst den Künst - lern dein Ge - leit.
Po - e - sie, Far - ben - fül - le und Ge nie.

Zupf die die Sei - ten an, dass dass man's man's
Zupf Zupf die die Sei - ten an, dass man's

spü - ren kann. Zupf Zupf nur nur im - mer - zu,
hö - ren kann. Zupf Zupf nur nur oh - ne Ruh,

Sor - gen schwin - den uns im Nu. Bist Me - ta - pher,
un - ser Mu - sen - schatz bist du. Bist Be - we - gung,

bist Ge – dan – ken,   treibst stets künst – le – ri – sche Ran – ken
bist ein Wer – den,   oh – ne Star – re,   voll Ge – bär – den;

reich an In – spi – ra – ti – on,   pu – re I – ma –
drängst und for – derst ve – he – ment   un – ge – zü – gelt

gi – na – tion.   Trun – ken machst du,   lässt uns flie – gen
Tem – p'ra – ment. Wirst Ver – lan – gen   wie – der we – cken,

und die See – le sach – te wie – gen.
lässt uns dei – ne Früch – te schme – cken.

Zärt – lich streichst du uns ins Ohr,   rufst uns Gän – se –
Streu – e dei – ne Ga – ben satt,   dass die Welt stets

1.   **2.**
haut her – vor.   Kün – ste hat.

3.Dei – ne Wir – kung lässt du se – hen,
Wenn wir lei – den, statt zu star – ten,

formst das Kre – a – tiv – ge – sche – hen feu – rig, spru – delnd,
bist du ei – gen, lässt uns war – ten und zu sam – meln

blit – zend jäh, bist oft – mals trä – ge, selt – sam zäh.
für den Lohn: Du bringst uns zur Ex – plo – sion.

Zupf Zupf die die Sei – ten an, dass dass man's man's
Zupf Zupf die die Sei – ten an, dass dass man's man's

spü – ren kann. Zupf Zupf nur nur im – mer – zu,
hö – ren kann. Zupf Zupf nur nur oh – ne Ruh,

Sor – gen schwin – den uns im Nu. Willst zum Schaf – fen
un – ser Mu – sen – schatz bist du. Ziehst ge – dul – dig

18

uns ver - füh - ren   und das Künst - ler - feu - er   schü - ren.
dei - ne Bah - nen,   mehrst die Wur - zeln,   ste - tes Ah - nen.

21

Gibst das Tem - po,   Schritt um Schritt,   eilst nicht oh - ne,
Webst und knüpfst in   ei - ner Tour,   trie - fen sehn wir

24

nimmst uns mit.   Trun - ken machst du,   lässt uns flie - gen
dei - ne Spur.   Wirst Ver - lan - gen   wie - der we - cken,

27

und die See - le   sach - te   wie - gen.
lässt uns dei - ne   Früch - te   schme - cken.

29

Zärt - lich streichst du   uns ins Ohr,   rufst uns Gän - se -
Streu - e dei - ne   Ga - ben satt,   dass die Welt stets

32

1.
haut her - vor.

2.
Kün - ste hat.

Über viele Jahre habe ich als Sängerin in verschiedenen
Chören Material für dieses Buch sammeln können.
Ebenso bereichernd waren die Jahre
während meiner Chorleitertätigkeit.
Das Ergebnis habe ich mit großer Freude
in diesem Buch aufgezeichnet.
Während des Schreibens nahm die künstlerische
Ader – die Muse in mir – immer mehr Gestalt an,
zeigte ihr unerbittlich treibendes, dann wieder
qualvoll flüchtiges Wesen.
Ich wollte ihr einen Namen geben.
So stelle ich Ihnen heute die Schöpferin
des „Chorgeflüster" vor:
meine „Meta Morfosa".

Karin Kreitmann

Ein besonderer Dank gilt meiner jetzigen
Chorleiterin Ortrud Heskamp für ihre fachliche
Unterstützung. Dank ihrer wunderbar kreativen
Sprache konnte ich meine Texte mit einigen
Äußerungen feinsinnig ergänzen.